Nossa Senhora
Rainha da Paz
História e novena

Celina Helena Weschenfelder

Nossa Senhora Rainha da Paz
História e novena

Citações bíblicas: Bíblia Sagrada – tradução da CNBB, 7. ed., 2008.
Editora responsável: Andréia Schweitzer
Equipe editorial

1ª edição – 2014
2ª reimpressão – 2021

Nenhuma parte desta obra poderá ser reproduzida ou transmitida por qualquer forma e/ou quaisquer meios (eletrônico ou mecânico, incluindo fotocópia e gravação) ou arquivada em qualquer sistema ou banco de dados sem permissão escrita da Editora. Direitos reservados.

Paulinas

Rua Dona Inácia Uchoa, 62
04110-020 – São Paulo – SP (Brasil)
Tel.: (11) 2125-3500
http://www.paulinas.com.br – editora@paulinas.com.br
Telemarketing e SAC: 0800-7010081

© Pia Sociedade Filhas de São Paulo – São Paulo, 2014

Introdução

História

"Por sua adesão à vontade do Pai, a Virgem Maria é modelo de fé e caridade", diz o Catecismo da Igreja Católica (n. 965). Assunta aos céus, continua a alcançar-nos os dons da salvação eterna. Por isso, é invocada na Igreja sob diversos títulos. Um desses títulos é de Rainha da Paz.

A história de Nossa Senhora Rainha da Paz tem muitas versões. Uma delas começa com Henrique de Joyeuse, Conde du Bouchage, nascido em Toulouse (França) em 21 de setembro de 1563. Henrique frequentava a corte do rei Henrique III, que o nomeou Grande Mestre. Em 1581, casou-se com Catarina de la Valette. A morte da esposa, em 1587, o levou a tornar-se capuchinho, sob o nome de Padre Ángel, e a ele foi entregue a santa imagem de Nossa Senhora Rainha da Paz.

Alguns historiadores afirmam que a imagem se conservou por mais de três séculos na posse da Família Joyeuse, na França. Era mantida como uma joia rara, em uma capela construída especialmente para ela junto ao convento capuchinho. Conta-se que à noite no local onde se encontrava a imagem de Nossa Senhora Rainha da Paz uma forte luz resplandecia, e que este seria um sinal de Deus.

Propagação da devoção

A devoção a Nossa Senhora Rainha da Paz propagou-se rapidamente. Muitas pessoas vinham de lugares distantes e permaneciam por longas horas ao pé da imagem. O povo da região fazia procissões e a devoção aumentava dia após dia.

Nesse cenário, destacou-se Frei Antônio Paris, capuchinho, que vivia numa grande pobreza e gostava do silêncio; a sua simplicidade fazia-o escolher as tarefas mais humildes do convento. Frei Antônio gostava especialmente de trabalhar nas proximidades da imagem de Nossa Senhora Rainha da Paz.

Oferecimento de flores

Todo o tempo livre de Frei Antônio era dedicado a Maria. Andava pelos jardins do convento à procura das flores mais belas e perfumadas para oferecê-las a Maria. Dizia que aquela imagem comovia seu coração e que, um dia, Deus se serviria dela para operar maravilhas. E, assim como Frei Antônio profetizou, de fato aconteceu.

No ano de 1647, após uma longa vida, cheia de boas obras, Frei Antônio Paris despediu-se deste mundo para se encontrar com a Mãe e Rainha da Paz que tanto amou nesta vida.

Milagres

Os milagres começaram acontecer. A imagem de Nossa Senhora Rainha da Paz encontrava-se na capela, ao lado da entrada principal do convento. Em pouco tempo, a capela ficou pequena e foi construída uma maior, que pudesse acolher mais pessoas.

Um fato que passou a fazer parte da história da devoção a Nossa Senhora Rainha da Paz foi a cura milagrosa de Luís XIV, conhecido como Rei-Sol, monarca francês, que reinou de 1643 a 1715.

No ano de 1658, Luís XIV adoeceu gravemente e as pessoas mais notáveis da corte recorreram a Nossa Senhora para que ela intercedesse na cura do jovem rei. A Duquesa de Vendome fez uma novena e, ao término, os médicos constataram que o rei estava recuperado, fora de perigo. A cura do nobre foi atribuída a Mãe do Céu, aumentando ainda mais nas pessoas da região a confiança em Maria.

O título de Nossa Senhora Rainha da Paz é conhecido em muitas regiões do mundo e existem inúmeros santuários, capelas e igrejas a ela dedicadas.

No Brasil

No município de Itapiranga, em Santa Catarina, fica a Gruta de Nossa Senhora Rainha da Paz. Localizada nas proximidades do Hospital Sagrada Família, no acesso ao bairro Rainha da Paz, trata-se de uma encosta com rochedos, água, vegetação exuberante, que forma um conjunto de grande beleza natural e elevada mística.

Na gruta, existe uma linda imagem de Nossa Senhora Rainha da Paz. No dia 13 de cada mês há a reza do terço no local. A Igreja local celebra Nossa Senhora Rainha da Paz em 9 de julho.

PRIMEIRO DIA

Maria acolhe o Príncipe da Paz

Em nome do Pai, do Filho e do Espírito Santo. Amém.

Oração inicial

Virgem das virgens, Mãe de Misericórdia, Mãe da Graça, esperança e refúgio de todos os aflitos, tende compaixão de nós na aflição, na enfermidade, na pobreza e em qualquer outra necessidade. Afastai para longe de nós a epidemia, a fome e a guerra. Defendei-nos contra as ciladas dos nossos inimigos e de todo o mal. Lembrai-nos, ó piedosíssima Rainha da Paz, de que jamais se ouviu dizer que algum daqueles que têm recorrido à vossa

proteção, implorando o vosso socorro e invocando vosso auxílio, tenha sido por vós desamparado.

Animados de tal confiança, vimos a vós, ó gloriosa Rainha da Paz. Intercedei a Jesus por nós e alcançai-nos a paz e as graças que desejamos. Se for para a glória de Deus e para a nossa felicidade, alcançai-nos o que vos rogamos. (*Momento de silêncio para fazer o pedido.*)

Glória ao Pai, ao Filho e ao Espírito Santo. Amém!

Rainha da Paz, rogai por nós!

Leitura bíblica

"Quando Isabel estava no sexto mês, o anjo Gabriel foi enviado por Deus a uma cidade da Galileia, chamada Nazaré, a uma virgem prometida em casamento a um homem de nome José, da casa de Davi. E o nome da virgem era Maria. O anjo entrou onde ela estava e disse: 'Alegra-te, cheia de graça! O Senhor está contigo'" (Lc 1,26-28).

Reflexão

Maria recebe o anúncio do anjo Gabriel de que seria a mãe do Filho de Deus, Príncipe da Paz. Esse anúncio transforma toda a sua vida.

Ela se torna a Mãe de Jesus, que viria para salvar a humanidade. Embora não entenda, Maria aceita a missão de trazer à luz o Príncipe da Paz.

Oração final

Ó bem-aventurada Virgem Maria, Rainha e Senhora da Paz, auxílio dos pecadores, consoladora dos que vivem na aflição e protetora de todos que recorrem à vossa proteção, nós vos agradecemos porque sois a Mãe que nunca nos desampara, ao recorrermos à vossa proteção.

Ó santa Mãe, neste dia vos peço que me alcanceis, junto ao vosso Filho Jesus, a graça de imitá-lo, amá-lo e conhecer sempre melhor a sua Palavra.

Ajudai-me, ó Maria, a ser um Evangelho vivo em todo lugar onde eu estiver, para que minha presença leve a todos luz, graça e consolação. Isto vos peço, por Deus Pai, Filho e Espírito Santo. Assim seja!

Bênção

Dirigente: Que o Senhor dê a todos nós a capacidade de falar como discípulos.
Todos: *Amém.*
Dirigente: Que o Senhor nos dê coragem para animar as pessoas desanimadas e sofredoras.
Todos: *Amém.*
Dirigente: Que o Pai, pelo dom de seu Filho Jesus Cristo, nos revele o rosto humano de Deus, para enxergá-lo em nossos irmãos.

Todos: *Amém.*
Dirigente: Que o Senhor nos dê a sua bênção e nos guarde de todo o mal.
Todos: *Amém.*

Pai-Nosso, Ave-Maria, Glória.
Nossa Senhora Rainha da Paz, rogai por nós.

SEGUNDO DIA

Maria leva a paz
à sua prima Isabel

Em nome do Pai, do Filho e do Espírito Santo. Amém.

Oração inicial

Virgem das virgens, Mãe de Misericórdia, Mãe da Graça, esperança e refúgio de todos os aflitos, tende compaixão de nós na aflição, na enfermidade, na pobreza e em qualquer outra necessidade. Afastai para longe de nós a epidemia, a fome e a guerra. Defendei-nos contra as ciladas dos nossos inimigos e de todo o mal. Lembrai-nos, ó piedosíssima Rainha da Paz, de que jamais se ouviu dizer que algum daqueles que têm recorrido à vossa

proteção, implorando o vosso socorro e invocando vosso auxílio, tenha sido por vós desamparado.

Animados de tal confiança, vimos a vós, ó gloriosa Rainha da Paz. Intercedei a Jesus por nós e alcançai-nos a paz e as graças que desejamos. Se for para a glória de Deus e para a nossa felicidade, alcançai-nos o que vos rogamos. (*Momento de silêncio para fazer o pedido.*)

Glória ao Pai, ao Filho e ao Espírito Santo. Amém!

Rainha da Paz, rogai por nós!

Leitura bíblica

"Maria partiu apressadamente para a região montanhosa, dirigindo-se a uma cidade de Judá. Entrando na casa de Zacarias, saudou Isabel. Quando Isabel ouviu a saudação de Maria, a criança pulou de alegria, e Isabel ficou repleta do Espírito Santo... 'Bendita és tu entre as mulheres e bendito é o fruto do teu ventre'" (cf. Lc 1,39-42).

Reflexão

Maria visita sua prima Isabel porque sabe que ela precisa de sua ajuda. Duas santas mulheres vão trazer ao mundo dois grandes homens de paz: Jesus e João Batista. Maria, pobre e humilde; Isabel, pronta para acolher o precursor que iria abrir novos caminhos de paz para Jesus. Maria e Isabel são duas grandes anunciadoras da paz!

Oração final

Ó bem-aventurada Virgem Maria, Rainha e Senhora da Paz, auxílio dos pecadores, consoladora dos que vivem na aflição e protetora de todos que recorrem à vossa proteção, nós vos agradecemos porque sois a Mãe que nunca nos desampara, ao recorrermos à vossa proteção.

Ó santa Mãe, neste dia vos peço que me alcanceis, junto ao vosso Filho Jesus, a graça de imitá-lo, amá-lo e conhecer sempre melhor a sua Palavra.

Ajudai-me, ó Maria, a ser um Evangelho vivo em todo lugar onde eu estiver, para que minha presença leve a todos luz, graça e consolação. Isto vos peço, por Deus Pai, Filho e Espírito Santo. Assim seja!

Bênção

Dirigente: Que o Senhor dê a todos nós a capacidade de falar como discípulos.

Todos: *Amém.*

Dirigente: Que o Senhor nos dê coragem para animar as pessoas desanimadas e sofredoras.

Todos: *Amém.*

Dirigente: Que o Pai, pelo dom de seu Filho Jesus Cristo, nos revele o rosto humano de Deus, para enxergá-lo em nossos irmãos.

Todos: *Amém.*

Dirigente: Que o Senhor nos dê a sua bênção e nos guarde de todo o mal.

Todos: *Amém.*

Pai-Nosso, Ave-Maria, Glória.

Nossa Senhora Rainha da Paz, rogai por nós!

TERCEIRO DIA

No *Magnificat* Maria agradece a paz que vem pela escuta

Em nome do Pai, do Filho e do Espírito Santo. Amém.

Oração inicial

Virgem das virgens, Mãe de Misericórdia, Mãe da Graça, esperança e refúgio de todos os aflitos, tende compaixão de nós na aflição, na enfermidade, na pobreza e em qualquer outra necessidade. Afastai para longe de nós a epidemia, a fome e a guerra. Defendei-nos contra as ciladas dos nossos inimigos e de todo o mal. Lembrai-nos, ó piedosíssima Rainha da Paz, de que jamais se ouviu dizer que algum daqueles que têm recorrido à vossa

proteção, implorando o vosso socorro e invocando vosso auxílio, tenha sido por vós desamparado.

Animados de tal confiança, vimos a vós, ó gloriosa Rainha da Paz. Intercedei a Jesus por nós e alcançai-nos a paz e as graças que desejamos. Se for para a glória de Deus e para a nossa felicidade, alcançai-nos o que vos rogamos. (*Momento de silêncio para fazer o pedido.*)

Glória ao Pai, ao Filho e ao Espírito Santo. Amém!

Rainha da Paz, rogai por nós!

Leitura bíblica

"Maria, então, disse: 'A minha alma engrandece o Senhor, e o meu espírito se alegra em Deus, meu Salvador, porque ele olhou para a humildade de sua serva. Todas as gerações, de agora em diante, me chamarão feliz, porque o Poderoso fez para mim coisas grandiosas. O seu nome é santo...'. E Maria permaneceu três meses com Isabel" (cf. Lc 1,46-49).

Reflexão

Quando Maria foi visitar sua prima Isabel, entoou o *Magnificat*, louvando e agradecendo a Deus, pois carregava em seu ventre Jesus, o Anunciador da Paz. Na fé de sua humilde serva, o dom de Deus encontra acolhimento. A oração da Virgem Maria, com o *Magnificat*, caracteriza-se pela oferta generosa de todo seu ser na fé.

Oração final

Ó bem-aventurada Virgem Maria, Rainha e Senhora da Paz, auxílio dos pecadores, consoladora dos que vivem na aflição e protetora de todos que recorrem à vossa proteção, nós vos agradecemos porque sois a Mãe que nunca nos desampara, ao recorrermos à vossa proteção.

Ó santa Mãe, neste dia vos peço que me alcanceis, junto ao vosso Filho Jesus, a graça de imitá-lo, amá-lo e conhecer sempre melhor a sua Palavra.

Ajudai-me, ó Maria, a ser um Evangelho vivo em todo lugar onde eu estiver, para que minha presença leve a todos luz, graça e consolação. Isto vos peço, por Deus Pai, Filho e Espírito Santo. Assim seja!

Bênção

Dirigente: Que o Senhor dê a todos nós a capacidade de falar como discípulos.

Todos: *Amém.*

Dirigente: Que o Senhor nos dê coragem para animar as pessoas desanimadas e sofredoras.

Todos: *Amém.*

Dirigente: Que o Pai, pelo dom de seu Filho Jesus Cristo, nos revele o rosto humano de Deus, para enxergá-lo em nossos irmãos.

Todos: *Amém*.

Dirigente: Que o Senhor nos dê a sua bênção e nos guarde de todo o mal.

Todos: *Amém*.

Pai-Nosso, Ave-Maria, Glória.
Nossa Senhora, Rainha da Paz, rogai por nós!

QUARTO DIA

Jesus nasce em grande pobreza, trazendo-nos a paz

Em nome do Pai, do Filho e do Espírito Santo. Amém.

Oração inicial

Virgem das virgens, Mãe de Misericórdia, Mãe da Graça, esperança e refúgio de todos os aflitos, tende compaixão de nós na aflição, na enfermidade, na pobreza e em qualquer outra necessidade. Afastai para longe de nós a epidemia, a fome e a guerra. Defendei-nos contra as ciladas dos nossos inimigos e de todo o mal. Lembrai-nos, ó piedosíssima Rainha da Paz, de que jamais se ouviu dizer que algum daqueles que têm recorrido à vossa

proteção, implorando o vosso socorro e invocando vosso auxílio, tenha sido por vós desamparado.

Animados de tal confiança, vimos a vós, ó gloriosa Rainha da Paz. Intercedei a Jesus por nós e alcançai-nos a paz e as graças que desejamos. Se for para a glória de Deus e para a nossa felicidade, alcançai-nos o que vos rogamos. (*Momento de silêncio para fazer o pedido.*)

Glória ao Pai, ao Filho e ao Espírito Santo. Amém!

Rainha da Paz, rogai por nós!

Leitura bíblica

"José subiu da cidade de Nazaré, na Galileia, à cidade de Davi, chamada Belém, para registrar-se com Maria, sua esposa, que estava grávida... Ela deu à luz o seu filho primogênito, envolveu-o em faixas e deitou-o numa manjedoura, porque não havia lugar para eles na hospedaria" (cf. Lc 2,1-7).

Reflexão

Jesus, o Autor da Paz, nasceu pobre, desprovido de tudo, mas rico de amor. Ele veio ao mundo para que todas as pessoas tivessem "vida, e vida em abundância". Maria, Mãe de Jesus, é a protagonista da paz e Rainha dos aflitos, dos desamparados e dos que procuram viver segundo a vontade de Jesus.

Oração final

Ó bem-aventurada Virgem Maria, Rainha e Senhora da Paz, auxílio dos pecadores, consoladora dos que vivem na aflição e protetora de todos que recorrem à vossa proteção, nós vos agradecemos porque sois a Mãe que nunca nos desampara, ao recorrermos à vossa proteção.

Ó santa Mãe, neste dia vos peço que me alcanceis, junto ao vosso Filho Jesus, a graça de imitá-lo, amá-lo e conhecer sempre melhor a sua Palavra.

Ajudai-me, ó Maria, a ser um Evangelho vivo em todo lugar onde eu estiver, para que minha presença leve a todos luz, graça e consolação. Isto vos peço, por Deus Pai, Filho e Espírito Santo. Assim seja!

Bênção

Dirigente: Que o Senhor dê a todos nós a capacidade de falar como discípulos.

Todos: *Amém*.

Dirigente: Que o Senhor nos dê coragem para animar as pessoas desanimadas e sofredoras.

Todos: *Amém*.

Dirigente: Que o Pai, pelo dom de seu Filho Jesus Cristo, nos revele o rosto humano de Deus, para enxergá-lo em nossos irmãos.

Todos: *Amém.*
Dirigente: Que o Senhor nos dê a sua bênção e nos guarde de todo o mal.
Todos: *Amém.*

Pai-Nosso, Ave-Maria, Glória.
Nossa Senhora, Rainha da Paz, rogai por nós!

QUINTO DIA

Maria sofre em paz, ao ouvir as palavras de Simeão

Em nome do Pai, do Filho e do Espírito Santo. Amém.

Oração inicial

Virgem das virgens, Mãe de Misericórdia, Mãe da Graça, esperança e refúgio de todos os aflitos, tende compaixão de nós na aflição, na enfermidade, na pobreza e em qualquer outra necessidade. Afastai para longe de nós a epidemia, a fome e a guerra. Defendei-nos contra as ciladas dos nossos inimigos e de todo o mal. Lembrai-nos, ó piedosíssima Rainha da Paz, de que jamais se ouviu dizer que algum daqueles que têm recorrido à vossa

proteção, implorando o vosso socorro e invocando vosso auxílio, tenha sido por vós desamparado.

Animados de tal confiança, vimos a vós, ó gloriosa Rainha da Paz. Intercedei a Jesus por nós e alcançai-nos a paz e as graças que desejamos. Se for para a glória de Deus e para a nossa felicidade, alcançai-nos o que vos rogamos. (*Momento de silêncio para fazer o pedido.*)

Glória ao Pai, ao Filho e ao Espírito Santo. Amém!

Rainha da Paz, rogai por nós!

Leitura bíblica

"Quando se completaram os dias da purificação, segundo a lei de Moisés, levaram o menino ao templo, em Jerusalém, para apresentá-lo ao Senhor. [...] Simeão os abençoou e disse a Maria, a mãe: 'Este menino será causa de queda e de reerguimento. Ele será um sinal de contradição

– uma espada traspassará a tua alma'" (cf. Lc 2,22.34-35).

Reflexão

A "paz inquieta" trazida por Jesus pede, para cada um de nós, espírito de luta, coragem e, sobretudo, comprometimento com os irmãos. Paz é dinamismo, escuta, oração profunda. Assim, pois, viveremos a paz que vem do próprio Deus. Os anjos cantaram em Belém o "Glória a Deus nas alturas" e nos desejaram a paz.

Oração final

Ó bem-aventurada Virgem Maria, Rainha e Senhora da Paz, auxílio dos pecadores, consoladora dos que vivem na aflição e protetora de todos que recorrem à vossa proteção, nós vos agradecemos porque sois a Mãe que nunca nos desampara, ao recorrermos à vossa proteção.

Ó santa Mãe, neste dia vos peço que me alcanceis, junto ao vosso Filho Jesus, a graça de imitá-lo, amá-lo e conhecer sempre melhor a sua Palavra.

Ajudai-me, ó Maria, a ser um Evangelho vivo em todo lugar onde eu estiver, para que minha presença leve a todos luz, graça e consolação. Isto vos peço, por Deus Pai, Filho e Espírito Santo. Assim seja!

Bênção

Dirigente: Que o Senhor dê a todos nós a capacidade de falar como discípulos.
Todos: *Amém.*
Dirigente: Que o Senhor nos dê coragem para animar as pessoas desanimadas e sofredoras.
Todos: *Amém.*
Dirigente: Que o Pai, pelo dom de seu Filho Jesus Cristo, nos revele o rosto humano de Deus, para enxergá-lo em nossos irmãos.

Todos: *Amém*.
Dirigente: Que o Senhor nos dê a sua bênção e nos guarde de todo o mal.
Todos: *Amém*.

Pai-Nosso, Ave-Maria, Glória.
Nossa Senhora Rainha da Paz, rogai por nós!

SEXTO DIA

Maria encontra Jesus no Templo, anunciando a paz verdadeira

Em nome do Pai, do Filho e do Espírito Santo. Amém.

Oração inicial

Virgem das virgens, Mãe de Misericórdia, Mãe da Graça, esperança e refúgio de todos os aflitos, tende compaixão de nós na aflição, na enfermidade, na pobreza e em qualquer outra necessidade. Afastai para longe de nós a epidemia, a fome e a guerra. Defendei-nos contra as ciladas dos nossos inimigos e de todo o mal. Lembrai-nos, ó piedosíssima Rainha da Paz, de que jamais se ouviu dizer que algum daqueles que têm recorrido à vossa

proteção, implorando o vosso socorro e invocando vosso auxílio, tenha sido por vós desamparado.

Animados de tal confiança, vimos a vós, ó gloriosa Rainha da Paz. Intercedei a Jesus por nós e alcançai-nos a paz e as graças que desejamos. Se for para a glória de Deus e para a nossa felicidade, alcançai-nos o que vos rogamos. (*Momento de silêncio para fazer o pedido.*)

Glória ao Pai, ao Filho e ao Espírito Santo. Amém!

Rainha da Paz, rogai por nós!

Leitura bíblica

"Todos os anos, os pais de Jesus iam a Jerusalém para a festa da Páscoa. Quando completou doze anos, eles foram para a festa, como de costume. Terminados os dias, Jesus ficou em Jerusalém, sem que seus pais percebessem. [...] Depois de três dias, o encontraram no templo, entre os mestres" (cf. Lc 2,41.46).

Reflexão

A paz trazida por Jesus requer o cultivo constante do respeito. Ele é bom para todos nós e todos gostam dele. Respeitar é amar, é reconhecer todo bem que há nas pessoas e, também, aceitar seus limites e suas debilidades. Jesus se aproximava de todos, levando a paz que ele veio trazer a este mundo.

Oração final

Ó bem-aventurada Virgem Maria, Rainha e Senhora da Paz, auxílio dos pecadores, consoladora dos que vivem na aflição e protetora de todos que recorrem à vossa proteção, nós vos agradecemos porque sois a Mãe que nunca nos desampara, ao recorrermos à vossa proteção.

Ó santa Mãe, neste dia vos peço que me alcanceis, junto ao vosso Filho Jesus, a graça de imitá-lo, amá-lo e conhecer sempre melhor a sua Palavra.

Ajudai-me, ó Maria, a ser um Evangelho vivo em todo lugar onde eu estiver, para que minha presença leve a todos luz, graça e consolação. Isto vos peço, por Deus Pai, Filho e Espírito Santo. Assim seja!

Bênção

Dirigente: Que o Senhor dê a todos nós a capacidade de falar como discípulos.

Todos: *Amém.*

Dirigente: Que o Senhor nos dê coragem para animar as pessoas desanimadas e sofredoras.

Todos: *Amém.*

Dirigente: Que o Pai, pelo dom de seu Filho Jesus Cristo, nos revele o rosto humano de Deus, para enxergá-lo em nossos irmãos.

Todos: *Amém*.
Dirigente: Que o Senhor nos dê a sua bênção e nos guarde de todo o mal.
Todos: *Amém*.

Pai-Nosso, Ave-Maria, Glória.
Nossa Senhora, Rainha da Paz, rogai por nós!

SÉTIMO DIA

Maria intercedeu junto a Jesus, devolvendo a paz em Caná

Em nome do Pai, do Filho e do Espírito Santo. Amém.

Oração inicial

Virgem das virgens, Mãe de Misericórdia, Mãe da Graça, esperança e refúgio de todos os aflitos, tende compaixão de nós na aflição, na enfermidade, na pobreza e em qualquer outra necessidade. Afastai para longe de nós a epidemia, a fome e a guerra. Defendei-nos contra as ciladas dos nossos inimigos e de todo o mal. Lembrai-nos, ó piedosíssima Rainha da Paz, de que jamais se ouviu dizer que algum daqueles que têm recorrido à vossa

proteção, implorando o vosso socorro e invocando vosso auxílio, tenha sido por vós desamparado.

Animados de tal confiança, vimos a vós, ó gloriosa Rainha da Paz. Intercedei a Jesus por nós e alcançai-nos a paz e as graças que desejamos. Se for para a glória de Deus e para a nossa felicidade, alcançai-nos o que vos rogamos. (*Momento de silêncio para fazer o pedido.*)

Glória ao Pai, ao Filho e ao Espírito Santo. Amém!

Rainha da Paz, rogai por nós!

Leitura bíblica

"No terceiro dia, houve um casamento em Caná da Galileia, e a mãe de Jesus estava lá. Também Jesus e seus discípulos foram convidados para o casamento. Faltando o vinho, a mãe de Jesus lhe disse: 'Eles não têm mais vinho!'. Jesus lhe respondeu: 'Mulher, por que me dizes isso? A minha hora ainda não chegou'." (cf. Jo 2,1-4).

Reflexão

Maria, que estava no casamento, percebeu o embaraço dos noivos e teve a certeza de que Jesus resolveria aquela situação. Mesmo alegando que ainda não tinha chegado a sua hora, Jesus atendeu ao pedido de sua mãe, devolvendo a alegria e a paz aos noivos.

Oração final

Ó bem-aventurada Virgem Maria, Rainha e Senhora da Paz, auxílio dos pecadores, consoladora dos que vivem na aflição e protetora de todos que recorrem à vossa proteção, nós vos agradecemos porque sois a Mãe que nunca nos desampara, ao recorrermos à vossa proteção.

Ó santa Mãe, neste dia vos peço que me alcanceis, junto ao vosso Filho Jesus, a graça de imitá-lo, amá-lo e conhecer sempre melhor a sua Palavra.

Ajudai-me, ó Maria, a ser um Evangelho vivo em todo lugar onde eu estiver, para que minha presença leve a todos luz, graça e consolação. Isto vos peço, por Deus Pai, Filho e Espírito Santo. Assim seja!

Bênção

Dirigente: Que o Senhor dê a todos nós a capacidade de falar como discípulos.

Todos: *Amém.*

Dirigente: Que o Senhor nos dê coragem para animar as pessoas desanimadas e sofredoras.

Todos: *Amém.*

Dirigente: Que o Pai, pelo dom de seu Filho Jesus Cristo, nos revele o rosto humano de Deus, para enxergá-lo em nossos irmãos.

Todos: *Amém*.
Dirigente: Que o Senhor nos dê a sua bênção e nos guarde de todo o mal.
Todos: *Amém*.

Pai-Nosso, Ave-Maria, Glória.
Nossa Senhora, Rainha da Paz, rogai por nós!

OITAVO DIA

Maria, aos pés de Jesus na cruz, foi portadora de paz aos apóstolos

Em nome do Pai, do Filho e do Espírito Santo. Amém.

Oração inicial

Virgem das virgens, Mãe de Misericórdia, Mãe da Graça, esperança e refúgio de todos os aflitos, tende compaixão de nós na aflição, na enfermidade, na pobreza e em qualquer outra necessidade. Afastai para longe de nós a epidemia, a fome e a guerra. Defendei-nos contra as ciladas dos nossos inimigos e de todo o mal. Lembrai-nos, ó piedosíssima Rainha da Paz, de que jamais se ouviu dizer que algum daqueles que têm recorrido à vossa proteção, implorando o vosso socorro e invocando vosso auxílio, tenha sido por vós desamparado.

Animados de tal confiança, vimos a vós, ó gloriosa Rainha da Paz. Intercedei a Jesus por nós e alcançai-nos a paz e as graças que desejamos. Se for para a glória de Deus e para a nossa felicidade, alcançai-nos o que vos rogamos. (*Momento de silêncio para fazer o pedido.*)

Glória ao Pai, ao Filho e ao Espírito Santo. Amém!

Rainha da Paz, rogai por nós!

Leitura bíblica

"Junto à cruz de Jesus, estavam de pé sua mãe e a irmã de sua mãe, Maria de Cléofas, e Maria Madalena. Jesus, ao ver sua mãe, e, ao lado dela, o discípulo que ele amava, disse à mãe: 'Mulher, eis teu filho!'. Depois disse ao discípulo: 'Eis a tua mãe!'. A partir daquela hora, o discípulo a acolheu no que era seu" (Jo 19,25-27).

Reflexão

Maria e João estiveram ao lado de Jesus durante sua vida pública, no sofrimento e na morte. Jesus lhes deu a missão de conviverem na paz, na harmonia, sendo, um para o outro, mãe e filho, construtores do novo Reino que Jesus trouxe a esta terra.

Oração final

Ó bem-aventurada Virgem Maria, Rainha e Senhora da Paz, auxílio dos pecadores, consoladora dos que vivem na aflição e protetora de todos que recorrem à vossa proteção, nós vos agradecemos porque sois a Mãe que nunca nos desampara, ao recorrermos à vossa proteção.

Ó santa Mãe, neste dia vos peço que me alcanceis, junto ao vosso Filho Jesus, a graça de imitá-lo, amá-lo e conhecer sempre melhor a sua Palavra.

Ajudai-me, ó Maria, a ser um Evangelho vivo em todo lugar onde eu estiver, para que minha presença leve a todos luz, graça e consolação. Isto vos peço, por Deus Pai, Filho e Espírito Santo. Assim seja!

Bênção

Dirigente: Que o Senhor dê a todos nós a capacidade de falar como discípulos.

Todos: *Amém*.

Dirigente: Que o Senhor nos dê coragem para animar as pessoas desanimadas e sofredoras.

Todos: *Amém*.

Dirigente: Que o Pai, pelo dom de seu Filho Jesus Cristo, nos revele o rosto humano de Deus, para enxergá-lo em nossos irmãos.

Todos: *Amém*.

Dirigente: Que o Senhor nos dê a sua bênção e nos guarde de todo o mal.
Todos: *Amém*.

Pai-Nosso, Ave-Maria, Glória.
Nossa Senhora, Rainha da Paz, rogai por nós!

NONO DIA

Maria é mãe e Rainha da Paz

Em nome do Pai, do Filho e do Espírito Santo. Amém.

Oração inicial

Virgem das virgens, Mãe de Misericórdia, Mãe da Graça, esperança e refúgio de todos os aflitos, tende compaixão de nós na aflição, na enfermidade, na pobreza e em qualquer outra necessidade. Afastai para longe de nós a epidemia, a fome e a guerra. Defendei-nos contra as ciladas dos nossos inimigos e de todo o mal. Lembrai-nos, ó piedosíssima Rainha da Paz, de que jamais se ouviu dizer que algum daqueles que têm recorrido à vossa

proteção, implorando o vosso socorro e invocando vosso auxílio, tenha sido por vós desamparado.

Animados de tal confiança, vimos a vós, ó gloriosa Rainha da Paz. Intercedei a Jesus por nós e alcançai-nos a paz e as graças que desejamos. Se for para a glória de Deus e para a nossa felicidade, alcançai-nos o que vos rogamos. (*Momento de silêncio para fazer o pedido.*)

Glória ao Pai, ao Filho e ao Espírito Santo. Amém!

Rainha da Paz, rogai por nós!

Leitura bíblica

"Entraram na cidade e subiram para a sala de cima onde costumavam ficar. Eram Pedro e João, Tiago e André, Filipe e Tomé, Bartolomeu e Mateus, Tiago, filho de Alfeu, Simão Zelota e Judas, filho de Tiago. Todos perseveravam na oração em comum, junto com algumas mulheres

– entre elas, Maria, mãe de Jesus – e com os irmãos dele" (At 1,12-14).

Reflexão

Pentecostes era esperado por Maria e os apóstolos, porque eles tinham ouvido do próprio Jesus que a paz seria plena somente depois da vinda do Espírito Santo. Eles acreditaram em Jesus, e tudo aconteceu conforme Jesus havia prometido. E a paz tão esperada foi restabelecida em seus corações.

Oração final

Ó bem-aventurada Virgem Maria, Rainha e Senhora da Paz, auxílio dos pecadores, consoladora dos que vivem na aflição e protetora de todos que recorrem à vossa proteção, nós vos agradecemos porque sois a Mãe que nunca nos desampara, ao recorrermos à vossa proteção.

Ó santa Mãe, neste dia vos peço que me alcanceis, junto ao vosso Filho Jesus, a graça de imitá-lo, amá-lo e conhecer sempre melhor a sua Palavra.

Ajudai-me, ó Maria, a ser um Evangelho vivo em todo lugar onde eu estiver, para que minha presença leve a todos luz, graça e consolação. Isto vos peço, por Deus Pai, Filho e Espírito Santo. Assim seja!

Bênção

Dirigente: Que o Senhor dê a todos nós a capacidade de falar como discípulos.

Todos: *Amém.*

Dirigente: Que o Senhor nos dê coragem para animar as pessoas desanimadas e sofredoras.

Todos: *Amém.*

Dirigente: Que o Pai, pelo dom de seu Filho Jesus Cristo, nos revele o rosto humano de Deus, para enxergá-lo em nossos irmãos.

Todos: *Amém*.
Dirigente: Que o Senhor nos dê a sua bênção e nos guarde de todo o mal.
Todos: *Amém*.

Pai-Nosso, Ave-Maria, Glória.
Nossa Senhora, Rainha da Paz, rogai por nós!

NOSSAS DEVOÇÕES
(Origem das novenas)

De onde vem a prática católica das novenas? Entre outras, podemos dar duas respostas: uma histórica, outra alegórica.

Historicamente, na Bíblia, no início do livro dos Atos dos Apóstolos, lê-se que, passados quarenta dias de sua morte na Cruz e de sua ressurreição, Jesus subiu aos céus, prometendo aos discípulos que enviaria o Espírito Santo, que lhes foi comunicado no dia de Pentecostes.

Entre a ascensão de Jesus ao céu e a descida do Espírito Santo, passaram-se nove dias. A comunidade cristã ficou reunida em torno de Maria, de algumas mulheres e dos apóstolos. Foi a primeira novena cristã. Hoje, ainda a repetimos todos os anos, orando, de modo especial, pela unidade dos cristãos. É o padrão de todas as outras novenas.

A novena é uma série de nove dias seguidos em que louvamos a Deus por suas maravilhas, em particular, pelos santos, por cuja intercessão nos são distribuídos tantos dons.

Alegoricamente, a novena é antes de tudo um ato de louvor ao Pai, ao Filho e ao Espírito Santo, Deus três vezes Santo. Três é número perfeito. Três vezes três, nove. A novena é louvor perfeito à Trindade. A prática de nove dias de oração, louvor e súplica confirma de maneira extraordinária nossa fé em Deus que nos salva, por intermédio de Jesus, de Maria e dos santos.

O Concílio Vaticano II afirma: "Assim como a comunhão cristã entre os que caminham na terra nos aproxima mais de Cristo, também o convívio com os santos nos une a Cristo, fonte e cabeça de que provêm todas as graças e a própria vida do povo de Deus" (*Lumen Gentium*, 50).

Nossas Devoções procuram alimentar o convívio com Jesus, Maria e os santos, para nos tornarmos cada dia mais próximos de Cristo, que nos enriquece com os dons do Espírito e com todas as graças de que necessitamos.

Francisco Catão

Rua Dona Inácia Uchoa, 62
04110-020 – São Paulo – SP (Brasil)
Tel.: (11) 2125-3500
http://www.paulinas.com.br – editora@paulinas.com.br
Telemarketing e SAC: 0800-7010081